PARIS SAINT-GERMAIN

ACADEMY NEW GENERATION

1 • À L'ÉCOLE DES CHAMPIONS

Scénario : Mathieu MARIOLLE

Dessin : Jacopo VANNI

Couleurs : Arianna SABELLA

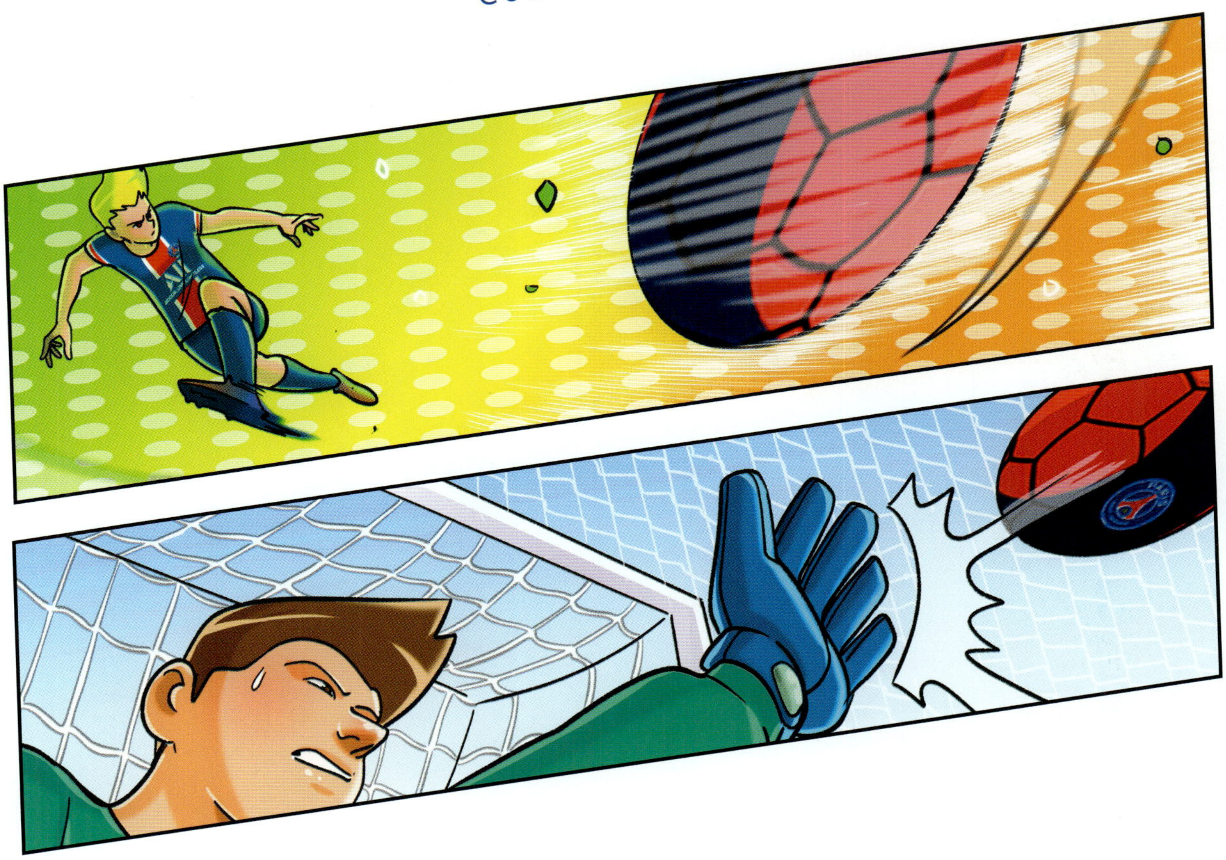

soleil

ALLEZ, SONNE !
ALLEZ !!
$a \times b = c$
$b \times a = c$
LE COURS EST FINI POUR AUJOURD'HUI. À DEMAIN, LES ENFANTS !
DRIIIN DRIIIN DRIIIN DRIIIN
C'EST PAS TROP TÔT !!
PLUS VITE, PLUS VITE, PLUS VITE !!

VILLE DE PARIS
DRIIIN DRIIIN DRIIIN DRIIIN
ALLEZ, DÉPÊCHE-TOI, ALLUME-TOI !
PFFFF.. TOUJOURS RIEN...
ALORS, ILS T'ONT TOUJOURS PAS RÉPONDU ?
NON. TOUJOURS PAS... MES PARENTS ONT PROMIS DE M'ENVOYER UN MESSAGE DÈS QU'ILS RECEVRAIENT LA LETTRE DU PSG.
TU SAIS... TU DEVRAIS PEUT-ÊTRE... EUH... TE PRÉPARER À CE QU'ILS TE REFUSENT...
ÇA, JE VEUX MÊME PAS L'IMAGINER !
ENTRER AU CENTRE DE PRÉFORMATION DU PSG, C'EST MON PLUS GRAND RÊVE. ALORS ME PORTE PAS LA POISSE EN ÉTANT NÉGATIF.
ET SI ON ALLAIT SE FAIRE UN PETIT FOOT AU LIEU DE RESTER LÀ À BAVARDER ?
SWIP
ÇA, C'EST UNE BONNE IDÉE ! VOUS AVEZ BESOIN D'UNE BONNE LEÇON TOUS LES DEUX !
LE PREMIER SUR LE TERRAIN AURA L'ENGAGEMENT.

AH ! ÇA FAIT UN BIEN FOU !
POF !
LÉO, À TABLE !
J'ARRIVE !
ÇA SENT BON !
ÇA TOMBE BIEN, LES SPORTIFS DOIVENT REPRENDRE DES FORCES.
VRRR
C'EST LA RÉPONSE DU PSG. LIS-LA.

ALORS ?? QU'EST-CE QUE ÇA DIT ?
C'EST RÂPÉ...
JE SUIS DÉSOLÉE, MON CHÉRI... ON SAIT QUE TU VOULAIS VRAIMENT INTÉGRER CETTE ÉCOLE...
MAIS TU REPASSERAS LES SÉLECTIONS L'ANNÉE PROCHAINE. JE SUIS SÛRE QU'ILS FINIRONT PAR TE PRENDRE.
LÉO... LE PSG NE T'A PAS ÉCRIT POUR TE DIRE QUE TU N'ÉTAIS PAS PRIS...
TU ES SUR LA LISTE D'ATTENTE ET TU ES CONVOQUÉ CE WEEK-END POUR UNE SÉLECTION AFIN DE DÉPARTAGER LES DERNIERS CANDIDATS.
C'EST PAREIL, S'ILS M'ONT PAS PRIS DU PREMIER COUP, C'EST QUE JE SUIS PAS ASSEZ BON POUR EUX.
Y A AUCUNE CHANCE QUE JE RÉUSSISSE À SORTIR DE CETTE LISTE D'ATTENTE.
LÉO, NE SOIS PAS SI NÉGATIF... IL TE RESTE UN DERNIER EXAMEN !
PRENDS-LE DU BON CÔTÉ : VOIS ÇA COMME UN VRAI MOYEN DE GAGNER TA PLACE. QUAND LA PORTE SE FERME, TU ENTRES PAR LA FENÊTRE !
OUAIS...
BEN... JE VAIS Y RÉFLÉCHIR ALORS...
RAPPELLE-TOI DES SÉLECTIONS. TU NOUS DISAIS QUE ÇA S'ÉTAIT BIEN PASSÉ ! ALORS, CROIS EN TOI.

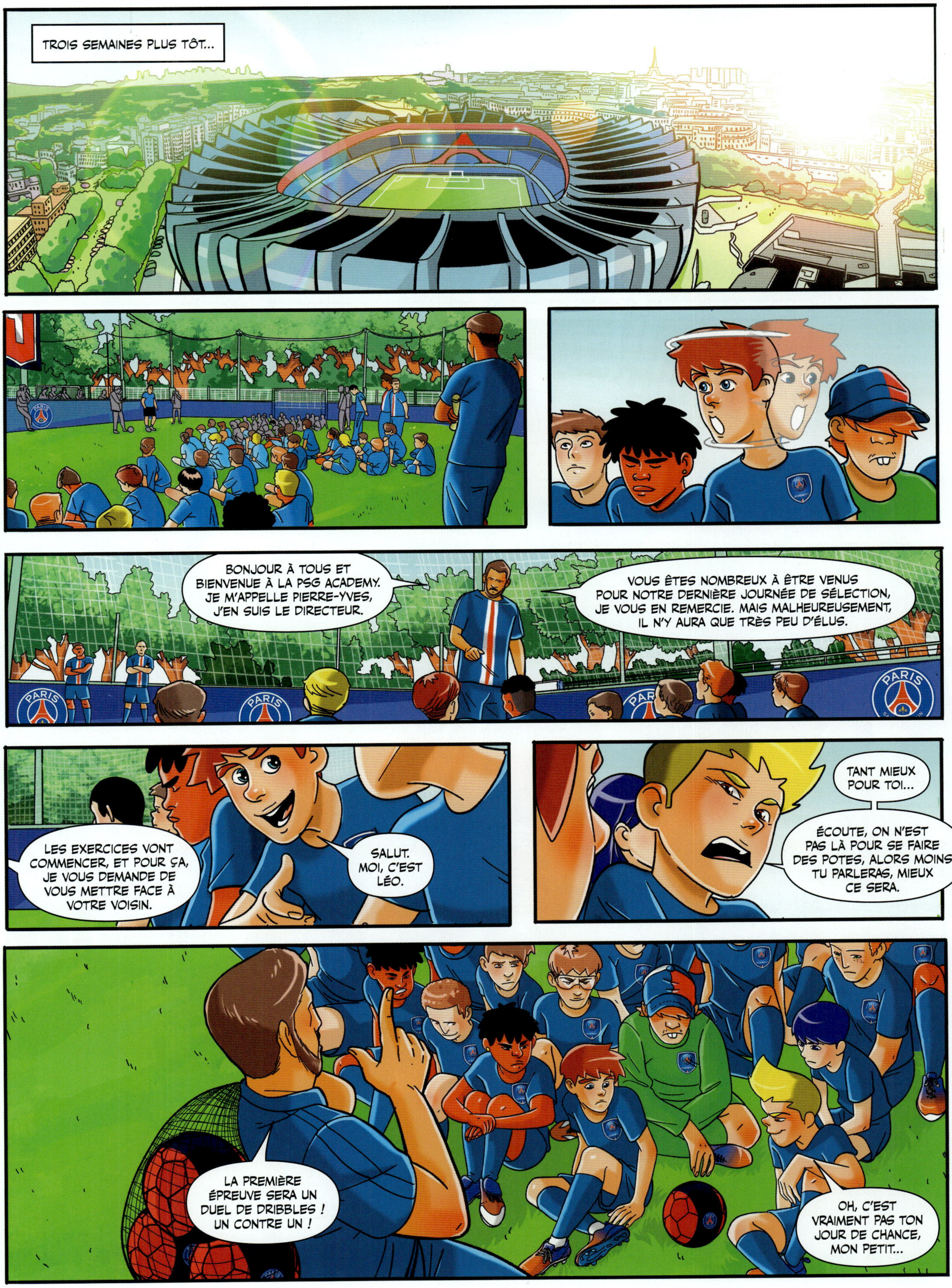
TROIS SEMAINES PLUS TÔT...
BONJOUR À TOUS ET BIENVENUE À LA PSG ACADEMY. JE M'APPELLE PIERRE-YVES, J'EN SUIS LE DIRECTEUR.
VOUS ÊTES NOMBREUX À ÊTRE VENUS POUR NOTRE DERNIÈRE JOURNÉE DE SÉLECTION, JE VOUS EN REMERCIE. MAIS MALHEUREUSEMENT, IL N'Y AURA QUE TRÈS PEU D'ÉLUS.
LES EXERCICES VONT COMMENCER, ET POUR ÇA, JE VOUS DEMANDE DE VOUS METTRE FACE À VOTRE VOISIN.
SALUT. MOI, C'EST LÉO.
TANT MIEUX POUR TOI...
ÉCOUTE, ON N'EST PAS LÀ POUR SE FAIRE DES POTES, ALORS MOINS TU PARLERAS, MIEUX CE SERA.
LA PREMIÈRE ÉPREUVE SERA UN DUEL DE DRIBBLES ! UN CONTRE UN !
OH, C'EST VRAIMENT PAS TON JOUR DE CHANCE, MON PETIT...

À MON COUP DE SIFFLET, VOUS POURREZ TOUCHER LE BALLON.
LE BUT EST DE LE VOLER À VOTRE ADVERSAIRE, OU DE L'EMPÊCHER DE VOUS LE VOLER.
FFRRiiiii!!!
TROP LENT !
CHERCHE PAS, T'ARRIVERAS JAMAIS À ME LA PRENDRE.

PLUS QU'UNE MINUTE !
RATÉ, ESPÈCE DE LOSER !
TWIIIIT !
MERCI. J'AI VU CE QUE JE VOULAIS VOIR. ON VA POUVOIR PASSER AUX EXERCICES SUIVANTS.

8 SECONDES 92, PAS MAL !
MAIS C'EST MOINS BIEN QUE MOI...
5
PARIS SAINT-GERMAIN
ALLEZ, CINQUANTE JONGLES DE LA TÊTE, CINQUANTE DU PIED DROIT ET CINQUANTE DU PIED GAUCHE.
T'Y ARRIVERAS JAMAIS, MON P'TIT LÉO. JAMAIS !

OUI... LES SÉLECTIONS SE SONT TRÈS BIEN PASSÉES.
TOUT LE MONDE A ÉTÉ TROOOOOOP SYMPA...
EN TOUT CAS, TU AS TOUTES TES CHANCES ! NOUS, ON CROIT EN TOI.
OUAIS, OUAIS, JE SAIS...
MOI, CE QUI VA ME FAIRE BIZARRE, C'EST QUE TU CHANGES DE COLLÈGE ET QUE TU NE VIVES PLUS À LA MAISON SI TU ES PRIS.
VOUS LE SAVIEZ, ON EN A DÉJÀ PARLÉ. ÇA FAIT PARTIE DE LA FORMATION.
MAIS TU NOUS MANQUERAS !
À CHAQUE SECONDE !
ARRÊTEZ, JE PEUX PLUS RESPIRER !

WOW ! C'EST MAGNIFIQUE ICI !
TU CROYAIS QUE LE PSG S'ENTRAÎNAIT DANS UNE IMPASSE OU QUOI ?
BONJOUR À TOUS. LES ENFANTS, JE SUIS RAVI DE VOUS RETROUVER.
BIENVENUE AU CENTRE D'ENTRAÎNEMENT DU PARIS SAINT-GERMAIN.
VOUS ALLEZ PASSER TOUT LE WEEK-END ICI POUR DÉTERMINER QUI SERONT LES DERNIERS PARMI VOUS À REJOINDRE NOTRE PROGRAMME DE FORMATION.
SUPER, IL EST LÀ, LUI AUSSI...

AU BOUT DE CE LONG ET EXIGEANT APPRENTISSAGE, LES PLUS DOUÉS ET TRAVAILLEURS D'ENTRE VOUS RÉUSSIRONT À DEVENIR DES JOUEURS PROFESSIONNELS.
MAIS N'OUBLIEZ PAS, JOUER AU PARIS SAINT-GERMAIN, CE N'EST PAS JUSTE ENFILER LE MAILLOT DE SON ÉQUIPE PRÉFÉRÉE, CE SONT DES HEURES D'EFFORTS !
LES PARENTS, IL VA ÊTRE TEMPS DE DIRE AU REVOIR À VOS ENFANTS.
LES ENFANTS, VOUS AVEZ DIX MINUTES POUR POSER VOS AFFAIRES DANS VOS CHAMBRES ET VOUS CHANGER.
LÉO, TU ES LÀ. DANS LA CHAMBRE 3.
MERCI, M'SIEUR.
APPELLE-MOI PIERRE-YVES, S'IL TE PLAÎT.
OUI, M'SIEUR.

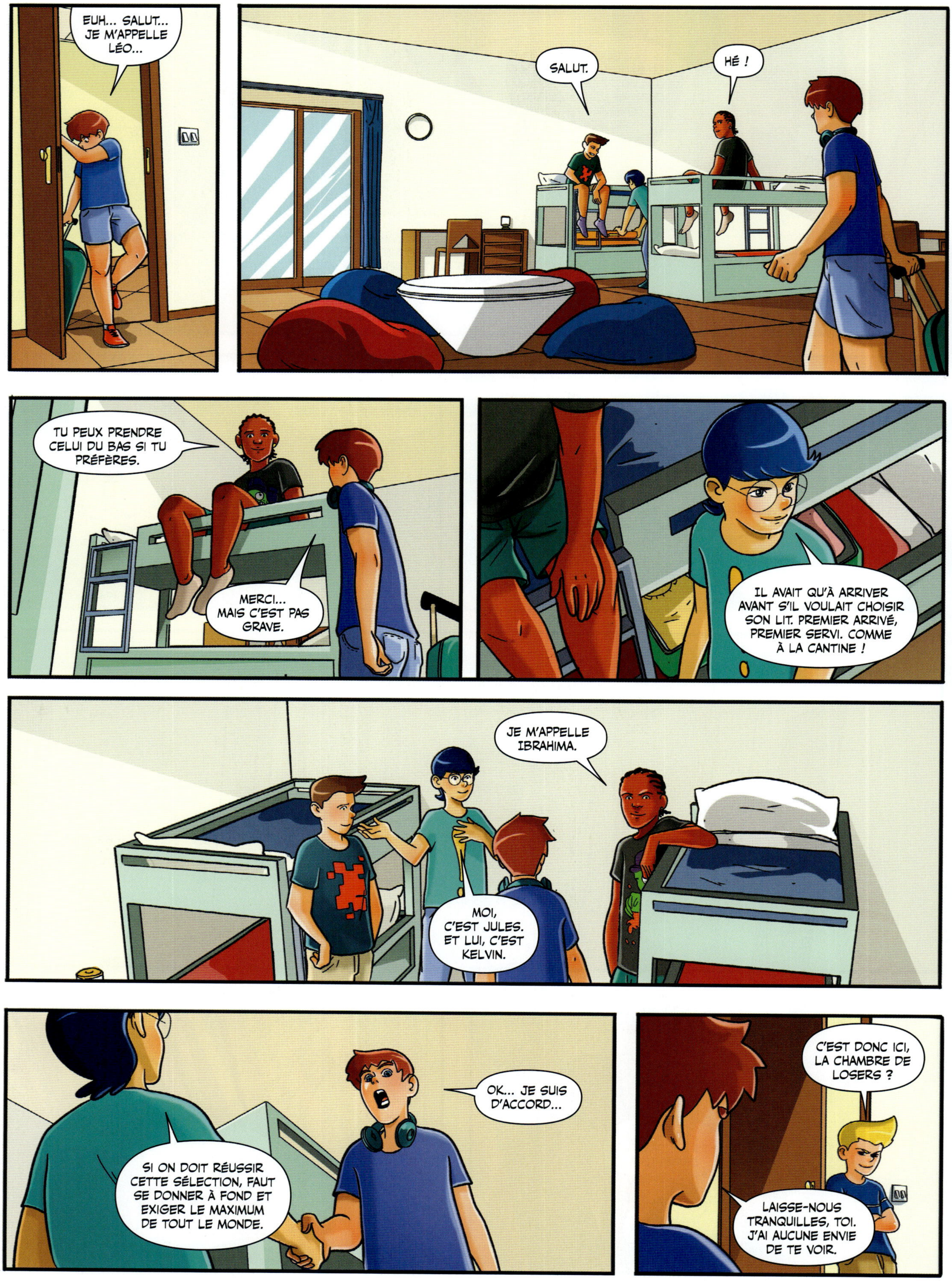
EUH... SALUT... JE M'APPELLE LÉO...
SALUT.
HÉ !
TU PEUX PRENDRE CELUI DU BAS SI TU PRÉFÈRES.
MERCI... MAIS C'EST PAS GRAVE.
IL AVAIT QU'À ARRIVER AVANT S'IL VOULAIT CHOISIR SON LIT. PREMIER ARRIVÉ, PREMIER SERVI. COMME À LA CANTINE !
JE M'APPELLE IBRAHIMA.
MOI, C'EST JULES. ET LUI, C'EST KELVIN.
OK... JE SUIS D'ACCORD...
SI ON DOIT RÉUSSIR CETTE SÉLECTION, FAUT SE DONNER À FOND ET EXIGER LE MAXIMUM DE TOUT LE MONDE.
C'EST DONC ICI, LA CHAMBRE DE LOSERS ?
LAISSE-NOUS TRANQUILLES, TOI. J'AI AUCUNE ENVIE DE TE VOIR.

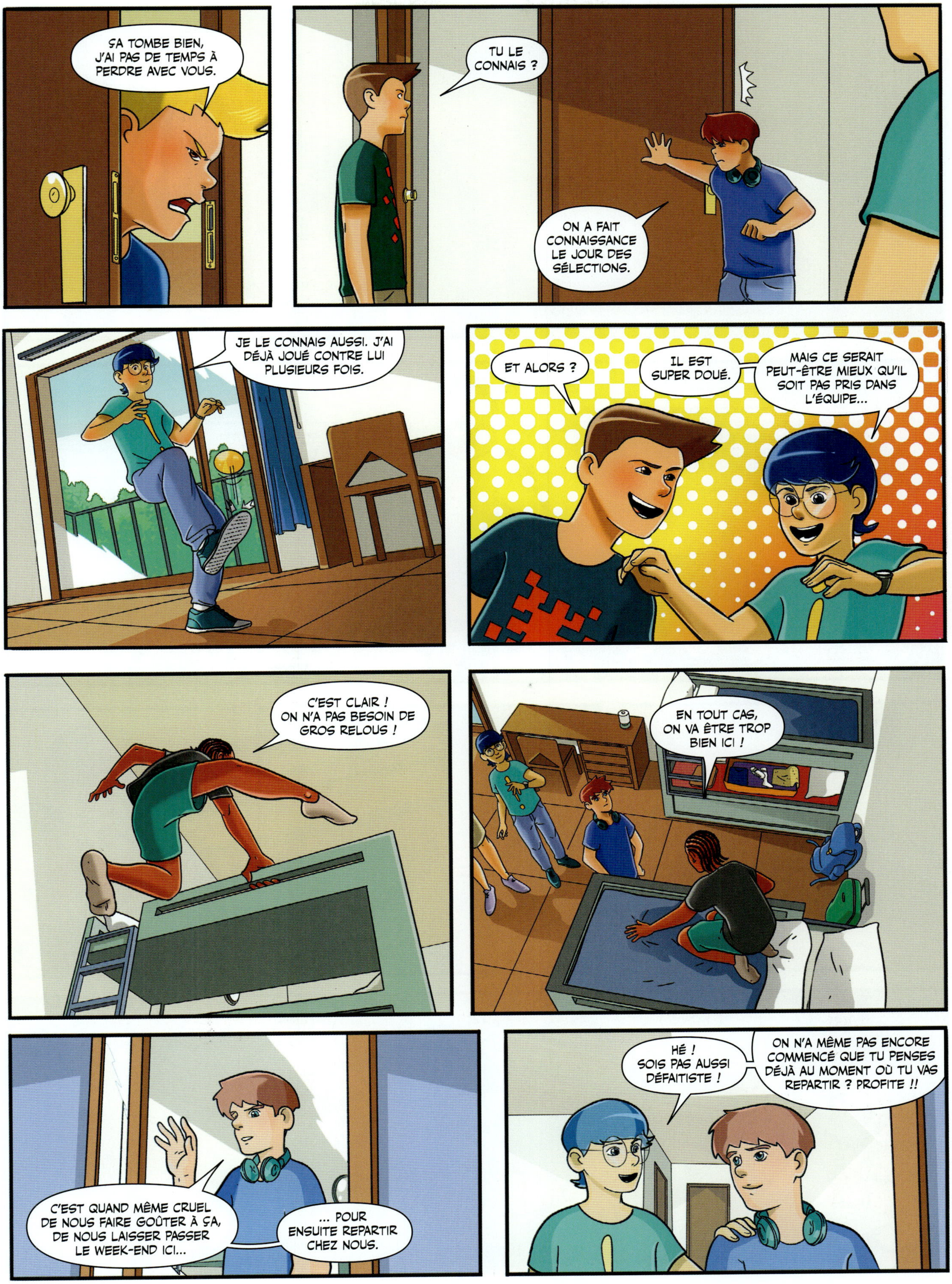
ÇA TOMBE BIEN, J'AI PAS DE TEMPS À PERDRE AVEC VOUS.
TU LE CONNAIS ?
ON A FAIT CONNAISSANCE LE JOUR DES SÉLECTIONS.
JE LE CONNAIS AUSSI. J'AI DÉJÀ JOUÉ CONTRE LUI PLUSIEURS FOIS.
ET ALORS ?
IL EST SUPER DOUÉ.
MAIS CE SERAIT PEUT-ÊTRE MIEUX QU'IL SOIT PAS PRIS DANS L'ÉQUIPE...
C'EST CLAIR ! ON N'A PAS BESOIN DE GROS RELOUS !
EN TOUT CAS, ON VA ÊTRE TROP BIEN ICI !
C'EST QUAND MÊME CRUEL DE NOUS FAIRE GOÛTER À ÇA, DE NOUS LAISSER PASSER LE WEEK-END ICI...
... POUR ENSUITE REPARTIR CHEZ NOUS.
HÉ ! SOIS PAS AUSSI DÉFAITISTE !
ON N'A MÊME PAS ENCORE COMMENCÉ QUE TU PENSES DÉJÀ AU MOMENT OÙ TU VAS REPARTIR ? PROFITE !!

QU'EST-CE QUE JE DISAIS ! PROFITE !
T'AS RAISON...
ALLEZ, FINI DE RÊVER. IL EST TEMPS DE BOSSER ET DE MONTRER QUI A VRAIMENT ENVIE DE JOUER POUR LE PARIS SAINT-GERMAIN.
IL VOUS MANQUE JUSTE UN DERNIER ACCESSOIRE...
WOW !

AVEC CE MAILLOT SUR LE DOS, VOUS N'AUREZ AUCUNE EXCUSE POUR NE PAS VOUS DONNER À FOND.
C'EST ÉNORME, ÇA !
ALLEZ, C'EST PARTI ! ON COMMENCE PAR UN PEU D'ÉCHAUFFEMENT. COMMENCEZ À COURIR AUTOUR DU TERRAIN, LES UNS DERRIÈRE LES AUTRES !
JE ME SENS TOUT LÉGER AVEC CE MAILLOT !
C'EST CLAIR, ÇA DONNE DES AILES, JE POURRAIS PRESQUE COURIR TOUTE LA JOURNÉE !
CET EXERCICE S'APPELLE LA FILE INDIENNE. QUAND VOUS ENTENDEZ UN COUP DE SIFFLET, CELUI QUI SE TROUVE EN DERNIÈRE POSITION DOIT SPRINTER ET VENIR SE PLACER EN TÊTE.
FRRRIIIII

FRRRiiii
ATTENDEZ, C'EST UN EXERCICE POUR TESTER NOTRE SOLIDARITÉ, NOTRE SENS DU COLLECTIF.
FRRRiiii
IL FAUT QUE CELUI QUI COURT EN TÊTE MAINTIENNE UN TEMPO ASSEZ LENT, POUR NE PAS ÉPUISER LE PARTENAIRE QUI DOIT LE DÉPASSER.
HEIN ??
FRRRiiiii
FORCÉMENT, ON POUVAIT PAS COMPTER SUR LUI...

TU SERAS TOUJOURS TROP LENT, MON P'TIT LOSER.
IL EST HORS DE QUESTION QUE TU GAGNES CETTE FOIS !
C'EST FINI ! RASSEMBLEMENT.
TU TE CROIS MALIN ?
NON. JE SAIS QUE JE LE SUIS PLUS QUE TOI.
C'EST QUOI TON PROBLÈME, GROS ?
J'AI PAS DE PROBLÈME, MOI. C'EST VOUS QUI COMPRENEZ PAS OÙ ON EST : C'EST UNE COMPÉTITION !
ET JE COMPTE PAS FAIRE PARTIE DES PERDANTS QUI RENTRENT CHEZ EUX !
BON, VOUS M'AVEZ L'AIR BIEN CHAUDS ! ON VA POUVOIR PASSER À LA SUITE DES ÉPREUVES PHYSIQUES.

PARFAIT. AU SUIVANT.
JE VEUX ÊTRE JOUEUR DE FOOT, MOI... PAS UN HAMSTER EN CAGE...
ALORS, ALLONS VOIR QUI PARMI VOUS A LES PIEDS CARRÉS !

CENTRÉ !
LUCARNE GAUCHE, ÇA VAUT CINQ POINTS.
ÇA TE FAIT VINGT POINTS. SOUVIENS-TOI, LE BUT EST D'ARRIVER À VINGT-HUIT.
UNE LUCARNE, C'EST CINQ POINTS, UN COIN, C'EST DEUX POINTS. UN TIR RATÉ, TU PERDS TROIS POINTS.
MANQUÉ !
ÇA FAIT DIX-SEPT MAINTENANT !
JE SAVAIS PAS QU'IL FALLAIT FAIRE DES MATHS POUR JOUER AU PSG...

MÊME LA BOUFFE EST GÉNIALE, ICI !
T'AS ENCORE DE L'ÉNERGIE, TOI ? J'AI MÊME PLUS LA FORCE DE SOULEVER UNE FOURCHETTE.
C'EST MON GROS PROBLÈME, J'AI TOUJOURS FAIM. MÊME QUAND JE DORS.
CHOMP CHOMP
CHOMP CHOMP
QUAND MÊME ! VOUS AVEZ VU OÙ ON EST ? C'EST INCROYABLE !
OUI. FRANCHEMENT, CE SERAIT GÉNIAL D'ÊTRE PRIS.
ON A PLUS DE CHANCE D'ÊTRE RECALÉS QUE D'ÊTRE CHOISIS... ALORS, ON DEVRAIT PAS RÊVER TROP FORT.
AU CONTRAIRE ! ON EST LÀ POUR RÊVER !
DEVENIR JOUEUR DE FOOT, JOUER POUR LE PSG, TU CONNAIS UN MEILLEUR RÊVE ?

BEN QUOI, QU'EST-CE QU'IL Y A ? QU'EST-CE QUE J'AI DIT ?
TOURNE... LA TÊTE.
MAIS POURQUOI ?
INCROYABLE !
SALUT LES KIDS.
TOUT SE PASSE BIEN ?
ALORS, ILS ONT BIEN BOSSÉ ?
JE LES AI BIEN FATIGUÉS, SI C'EST TA QUESTION !
M'SIEUR NEYMAR, C'EST UN RÊVE DE VOUS RENCONTRER.
DÉTENDS-TOI. ET PROFITE DU REPAS. ON MANGE TOUJOURS BIEN ICI.
ALLEZ, C'EST À NOTRE TOUR DE NOUS ENTRAÎNER ! BONNE SOIRÉE !
ET À BIENTÔT SUR UN TERRAIN !
WOW !
TU M'ÉTONNES ! C'EST LE RÊVE D'ÊTRE ICI !

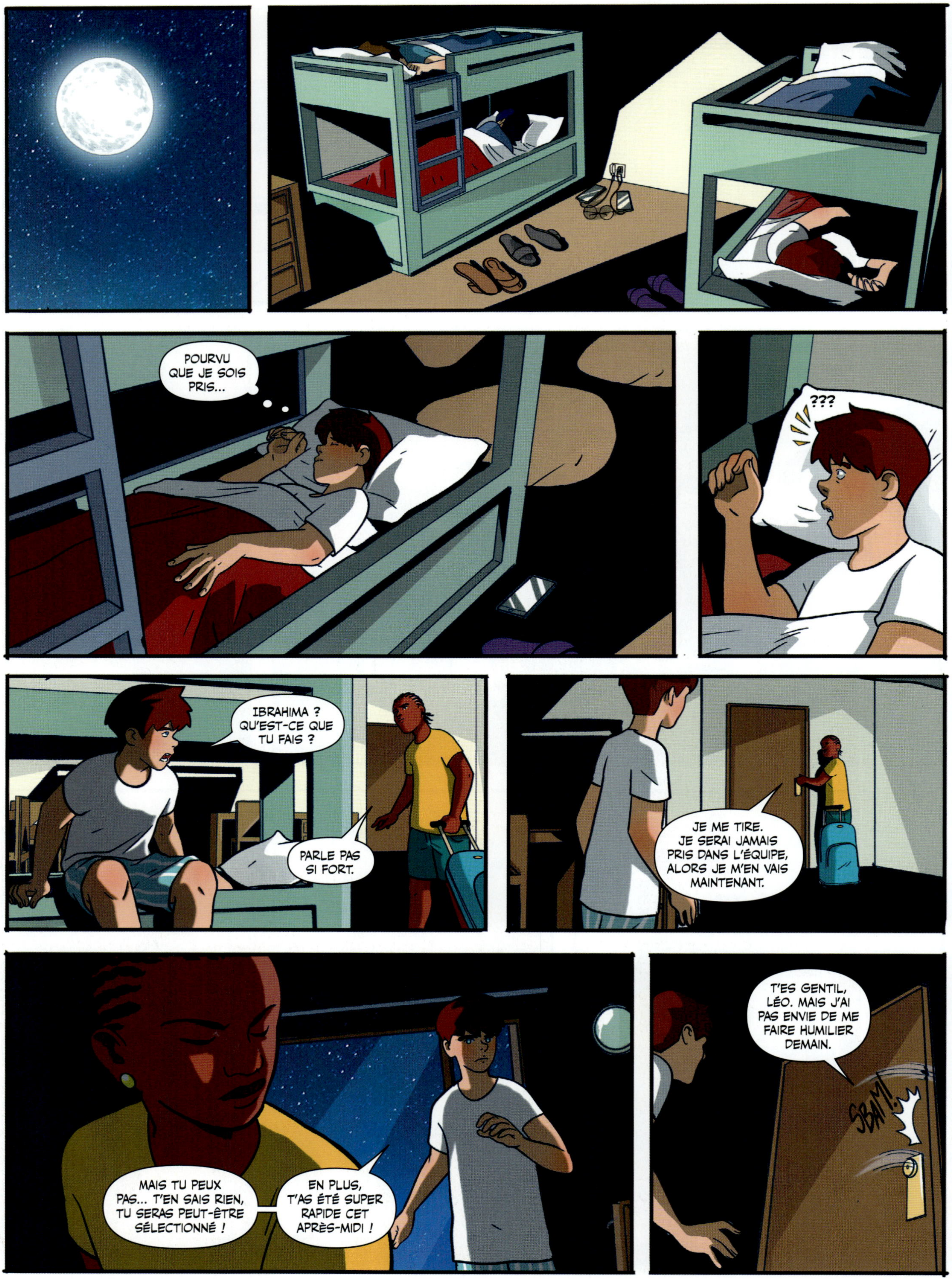
POURVU QUE JE SOIS PRIS...
???
IBRAHIMA ? QU'EST-CE QUE TU FAIS ?
PARLE PAS SI FORT.
JE ME TIRE. JE SERAI JAMAIS PRIS DANS L'ÉQUIPE, ALORS JE M'EN VAIS MAINTENANT.
MAIS TU PEUX PAS... T'EN SAIS RIEN, TU SERAS PEUT-ÊTRE SÉLECTIONNÉ !
EN PLUS, T'AS ÉTÉ SUPER RAPIDE CET APRÈS-MIDI !
T'ES GENTIL, LÉO. MAIS J'AI PAS ENVIE DE ME FAIRE HUMILIER DEMAIN.
SBAM !

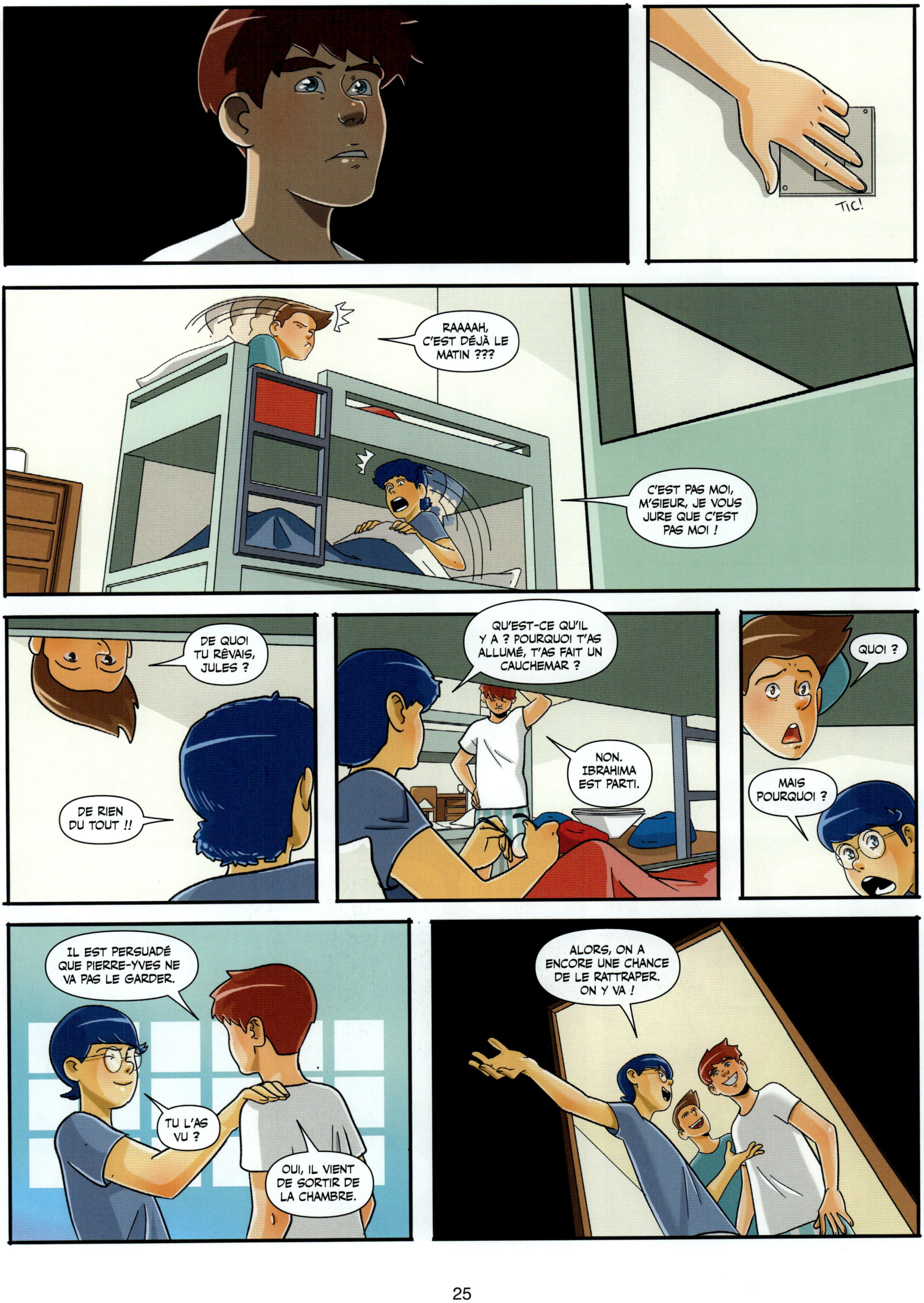

TIC!
RAAAAH, C'EST DÉJÀ LE MATIN ???
C'EST PAS MOI, M'SIEUR, JE VOUS JURE QUE C'EST PAS MOI !
DE QUOI TU RÊVAIS, JULES ?
DE RIEN DU TOUT !!
QU'EST-CE QU'IL Y A ? POURQUOI T'AS ALLUMÉ, T'AS FAIT UN CAUCHEMAR ?
NON. IBRAHIMA EST PARTI.
QUOI ?
MAIS POURQUOI ?
IL EST PERSUADÉ QUE PIERRE-YVES NE VA PAS LE GARDER.
TU L'AS VU ?
OUI, IL VIENT DE SORTIR DE LA CHAMBRE.
ALORS, ON A ENCORE UNE CHANCE DE LE RATTRAPER. ON Y VA !

STAP
STAP
STAP
STAP
HEIN ???
MAIS VOUS ÊTES MALADES ?
C'EST TOI QUI ES MALADE DE T'ENFUIR COMME ÇA !
CHERCHE PAS À COMPRENDRE. J'AI PAS LE NIVEAU, ÇA SERT À RIEN QUE JE RESTE.
ON TE LAISSERA PAS RENTRER CHEZ TOI !
ET TU VAS FAIRE QUOI, ME RAMENER DE FORCE DANS LA CHAMBRE ?
S'IL LE FAUT, OUAIS !
IBRAHIMA, ON PEUT T'AIDER. ON EST TES POTES.
VOUS POUVEZ PAS PASSER LES SÉLECTIONS À MA PLACE. DONC, VOUS POUVEZ PAS M'AIDER.
MAINTENANT, LAISSEZ-MOI Y ALLER !
MOI NON PLUS, JE PENSE PAS AVOIR LE NIVEAU. JE SAUTE PAS LE PLUS HAUT, JE SUIS PAS LE PLUS MUSCLÉ.
JE COURS PAS LE PLUS VITE NON PLUS.

MAIS QUAND CET IDIOT DE LUCAS A REFUSÉ DE JOUER LE JEU PENDANT LA FILE INDIENNE, EH BEN, J'AI PAS RÉFLÉCHI.
IL FALLAIT QUE JE LE DÉPASSE.
J'AVAIS LES POUMONS EN FEU, JE SENTAIS PLUS MES JAMBES, MAIS IL ÉTAIT HORS DE QUESTION QUE CETTE FACE DE RAT NOUS METTE LA MISÈRE.
ET JE L'AI DÉPASSÉ. ALORS QU'IL EST PLUS RAPIDE QUE MOI...
MAIS TU VOIS, AU FINAL, J'AURAIS SURTOUT ÉTÉ DÉGOÛTÉ D'ABANDONNER.
T'AS RAISON. CE SERAIT VRAIMENT BÊTE D'ABANDONNER...
T'AURAIS PAS PU LUI DIRE ÇA, TOUT À L'HEURE DANS LA CHAMBRE ? ÇA M'AURAIT ÉVITÉ DE ME LEVER.
SURTOUT QUE TON RÊVE AVAIT L'AIR SUPER ! TU NOUS LE RACONTES ?
SÛREMENT PAS !
BON, MAINTENANT, FAUT QU'ON RETOURNE DANS NOTRE CHAMBRE SANS NOUS FAIRE VOIR.
SI ON SE FAIT CHOPER, ILS RISQUENT DE NOUS FOUTRE DEHORS... CE SERAIT BÊTE, HEIN ?

BON, J'ESPÈRE QUE VOUS AVEZ PASSÉ UNE NUIT CALME ET REPOSANTE... PARCE QUE CETTE DERNIÈRE JOURNÉE D'ÉPREUVES NE LE SERA PAS.
VOUS ÊTES PRÊTS ?
BIEN SÛR QU'ON EST PRÊTS !!
ET... IL FAUT EN FAIRE COMBIEN CETTE FOIS ?
CE N'EST PAS ÇA QUI EST IMPORTANT. LE BUT, C'EST DE TENIR LE PLUS LONGTEMPS POSSIBLE.
SI VOTRE BALLON TOUCHE LE SOL, VOUS ÊTES ÉLIMINÉ.
LE DERNIER EN JEU AURA GAGNÉ L'ÉPREUVE.

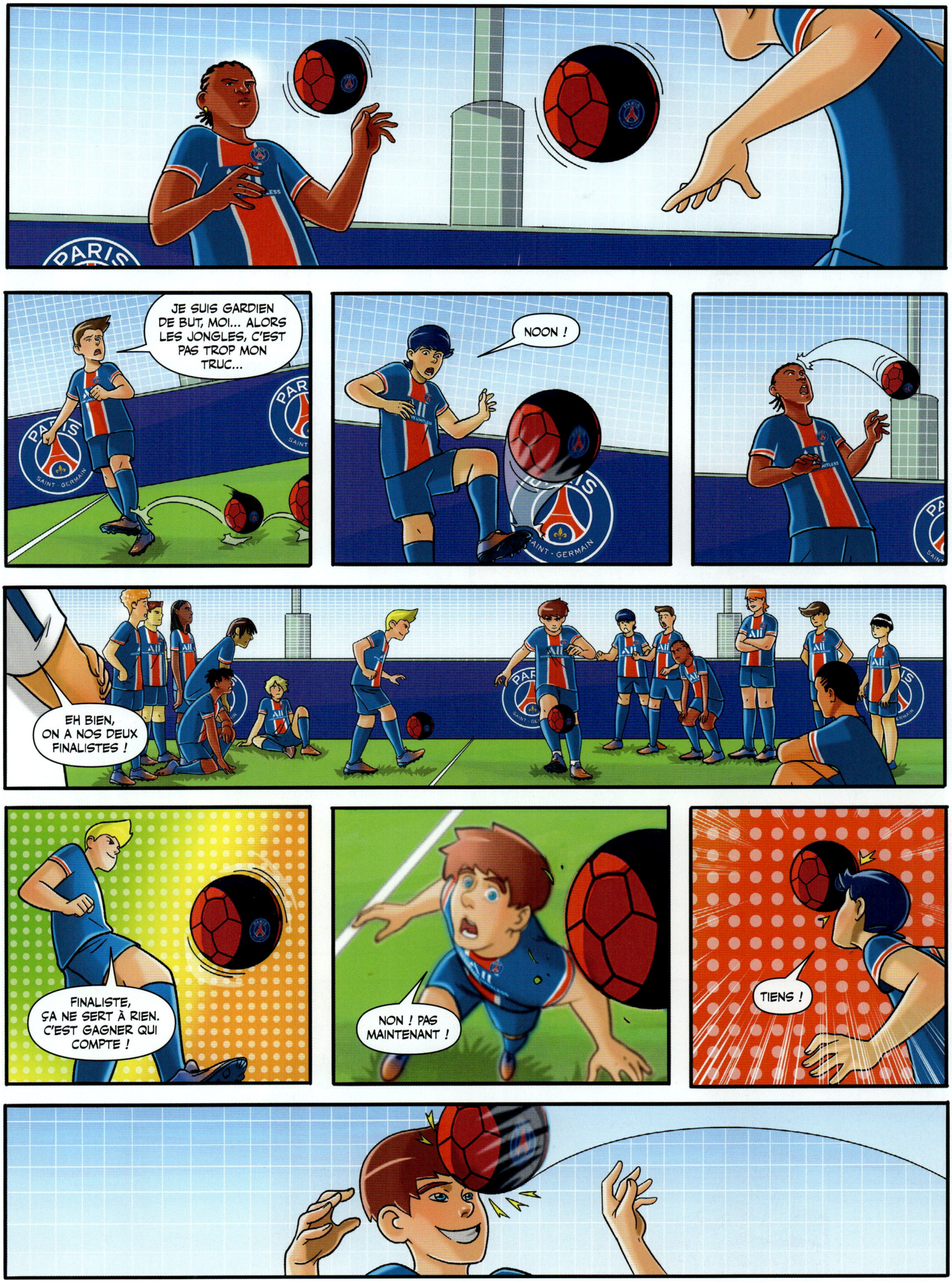
JE SUIS GARDIEN DE BUT, MOI... ALORS LES JONGLES, C'EST PAS TROP MON TRUC...
NOON !
EH BIEN, ON A NOS DEUX FINALISTES !
FINALISTE, ÇA NE SERT À RIEN. C'EST GAGNER QUI COMPTE !
NON ! PAS MAINTENANT !
TIENS !

JE VOUS AVAIS DIT QUE JE GAGNERAIS.
NON ! MON BALLON N'A PAS ENCORE TOUCHÉ LE SOL !
C'EST DE LA TRICHE ! C'EST LUI QUI L'A SAUVÉ !
LE FOOTBALL EST UN SPORT COLLECTIF : SAVOIR SE FAIRE AIDER EST AUSSI UNE QUALITÉ.
PASSONS PLUTÔT À L'ÉPREUVE SUIVANTE.
VOUS ALLEZ VOUS FAIRE DES OPPOSITIONS ATTAQUE CONTRE DÉFENSE, À DEUX CONTRE DEUX.
JE VOUS FERAI CHANGER DE PARTENAIRE ET D'ADVERSAIRE ASSEZ SOUVENT, DONC NE PERDEZ PAS TROIS HEURES À CONSTITUER DES ÉQUIPES.
C'EST PARTI !

LÉO !
STOP!
OUCH!
AÏE, AÏE, AÏE, AÏE...
QU'EST-CE QUI S'EST PASSÉ ?
IL EST TOMBÉ TOUT SEUL.
EN PLUS D'ÊTRE UNE BRUTE, T'ES UN MENTEUR ?!
ÇA FAIT MAL, JE SAIS, MAIS ÇA N'A PAS L'AIR BIEN GRAVE.
IL FAUT QUAND MÊME QUE TU AILLES MONTRER ÇA À L'INFIRMERIE. LUCAS VA T'Y EMMENER.
QUOI ?
TU M'AS TRÈS BIEN ENTENDU.

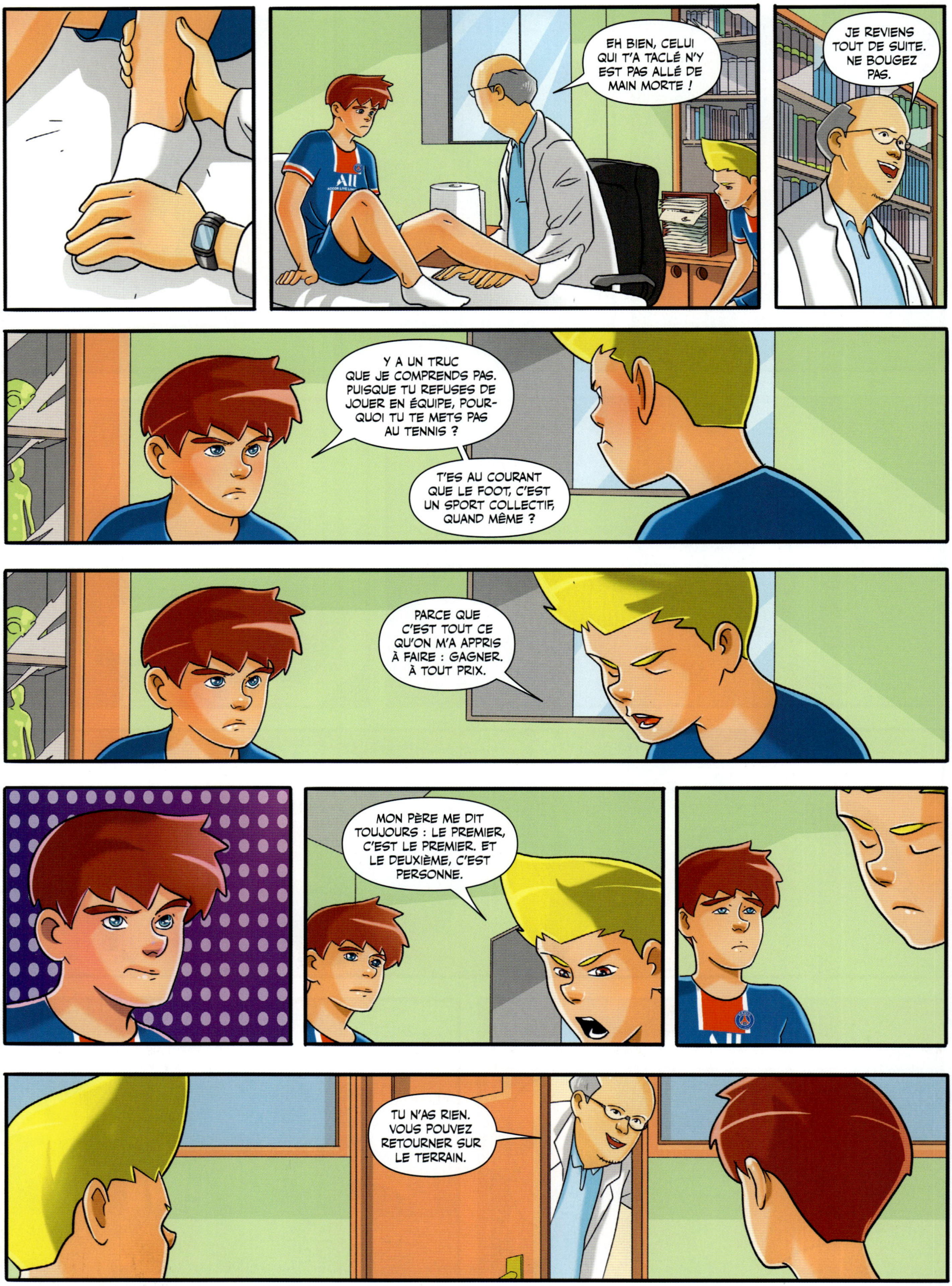
EH BIEN, CELUI QUI T'A TACLÉ N'Y EST PAS ALLÉ DE MAIN MORTE !
JE REVIENS TOUT DE SUITE. NE BOUGEZ PAS.
Y A UN TRUC QUE JE COMPRENDS PAS. PUISQUE TU REFUSES DE JOUER EN ÉQUIPE, POURQUOI TU TE METS PAS AU TENNIS ?
T'ES AU COURANT QUE LE FOOT, C'EST UN SPORT COLLECTIF, QUAND MÊME ?
PARCE QUE C'EST TOUT CE QU'ON M'A APPRIS À FAIRE : GAGNER. À TOUT PRIX.
MON PÈRE ME DIT TOUJOURS : LE PREMIER, C'EST LE PREMIER. ET LE DEUXIÈME, C'EST PERSONNE.
TU N'AS RIEN. VOUS POUVEZ RETOURNER SUR LE TERRAIN.

AH, VOUS TOMBEZ BIEN !
C'EST L'HEURE DE LA DERNIÈRE ÉPREUVE DÉCISIVE. LE MATCH À HANDICAP.
À HANDICAP ?
OUI. C'EST UN MATCH QUI SE JOUE SUR UN DEMI-TERRAIN. UNE ÉQUIPE DE TROIS JOUEURS EN ATTAQUE CONTRE UNE ÉQUIPE DE QUATRE JOUEURS EN DÉFENSE.
ET TOI, KELVIN, TU SERAS LE GARDIEN DE BUT, PUISQUE C'EST TON POSTE DE PRÉDILECTION.
SI LES ATTAQUANTS MARQUENT, ILS INSCRIVENT UN POINT. MAIS À CHAQUE TIR RATÉ, LES DÉFENSEURS EN MARQUENT DEUX.
LA PREMIÈRE ÉQUIPE À QUATRE POINTS A GAGNÉ.
LÉO, TU VIENS D'ÊTRE BLESSÉ, ALORS TU SERAS CAPITAINE D'UNE DES ÉQUIPES ET JE TE LAISSE CHOISIR TES COÉQUIPIERS EN PREMIER.
EUH... SI VOUS VOULEZ, M'SIEUR...
JE CHOISIS LUCAS.
HEIN ?
MAIS T'ES DINGUE ?
IBRAHIMA, TU SERAS L'AUTRE CAPITAINE ! ON SE RETROUVE QUAND VOUS AUREZ CHOISI VOS ÉQUIPES.

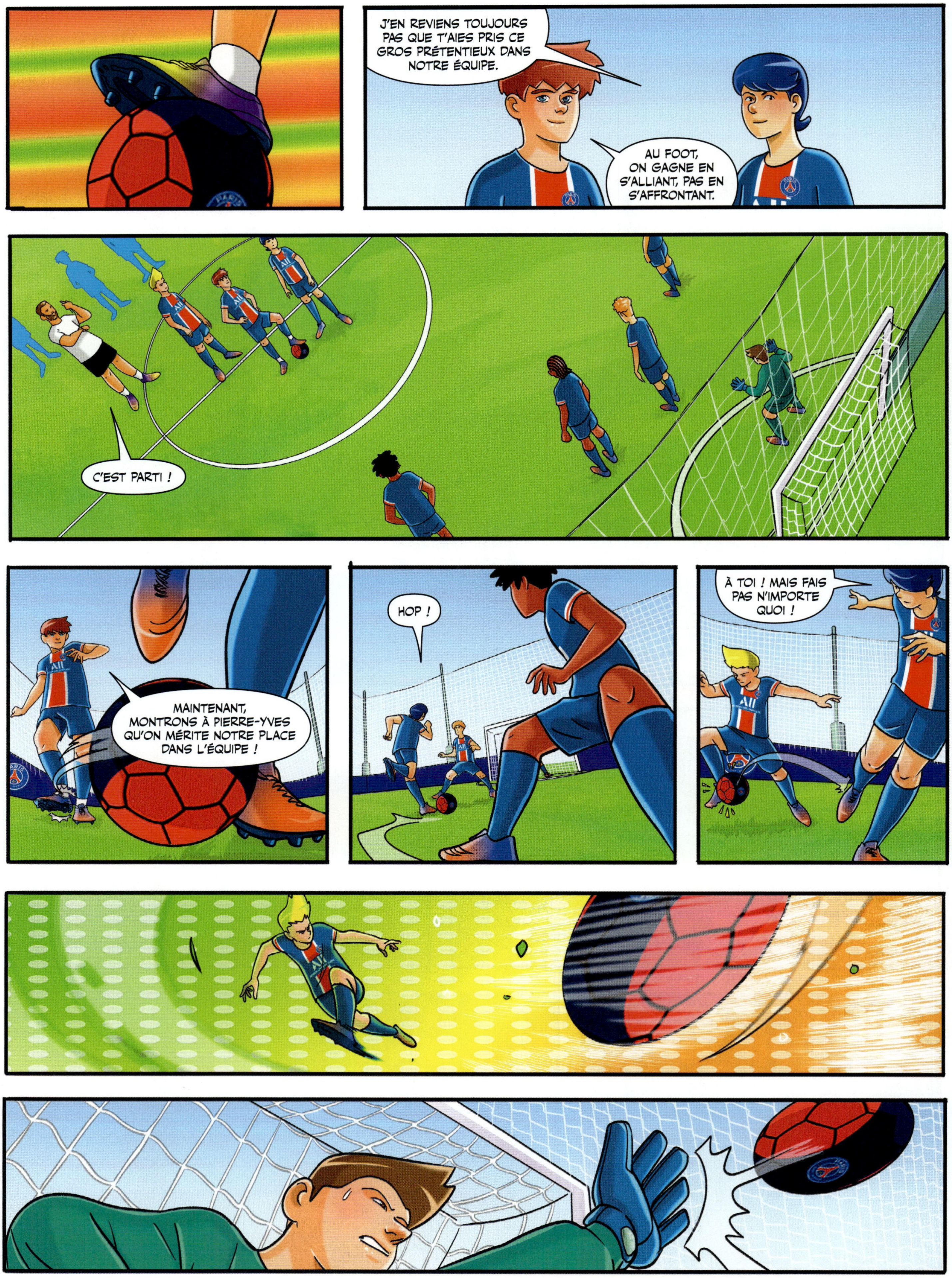
J'EN REVIENS TOUJOURS PAS QUE T'AIES PRIS CE GROS PRÉTENTIEUX DANS NOTRE ÉQUIPE.
AU FOOT, ON GAGNE EN S'ALLIANT, PAS EN S'AFFRONTANT.
C'EST PARTI !
MAINTENANT, MONTRONS À PIERRE-YVES QU'ON MÉRITE NOTRE PLACE DANS L'ÉQUIPE !
HOP !
À TOI ! MAIS FAIS PAS N'IMPORTE QUOI !

SUPER, TU VIENS DE LEUR DONNER DEUX POINTS ! SI ON RATE UN AUTRE TIR, ON AURA PERDU.
ALORS TU FERAIS MIEUX DE NE PAS TIRER. SINON, C'EST LA DÉFAITE ASSURÉE.
C'EST BIEN, IL VA ÊTRE VITE GAGNÉ CE MATCH.
TU VOIS POURQUOI T'AURAIS JAMAIS DÛ LE CHOISIR !
JULES, FAIS-LUI CONFIANCE.

LÉO !
ET ÇA FAIT QUATRE ! JE T'AVAIS DIT QUE ÇA MARCHERAIT ! LUCAS AVAIT JUSTE BESOIN QU'ON AIT CONFIANCE EN LUI.
ALORS ? AMI ?
AMI ? ÇA, JAMAIS !
SI J'AI ACCEPTÉ DE JOUER AVEC TOI, C'EST POUR ENTRER DANS L'ÉQUIPE. TOI ET MOI, ON SERA COÉQUIPIERS. RIEN DE PLUS.

CETTE FORMATION, CE SERA UNE SÉLECTION JUSQU'AU BOUT. PERSONNE NE SE METTRA EN TRAVERS DE MON CHEMIN.
ET SI JE PEUX T'ÉJECTER, JE LE FERAI SANS HÉSITER.
LES ENFANTS ! LES SÉLECTIONS SONT TERMINÉES. ON RANGE ET DIRECTION LES VESTIAIRES !
PIERRE-YVES, COMBIEN DE TEMPS ON VA DEVOIR ATTENDRE POUR AVOIR LES RÉSULTATS ?
VOUS ÊTES IMPATIENTS ? VOUS LES VOULEZ PEUT-ÊTRE MAINTENANT ?
VOUS LES AVEZ ?
JE LES AI DEPUIS PLUSIEURS JOURS EN FAIT.
VOUS ÊTES TOUS PRIS.

À SUIVRE DANS LE TOME 2 : « UN POUR TOUS ».

soleilprod.com

Éditeur: Jean Wacquet

Paris Saint-Germain / Produit sous licence officielle

Soleil
44, rue Baudin – 83000 Toulon – France

Soleil Paris
8, rue Léon Jouhaux – 75010 Paris – France

Conception graphique : Studio Delcourt/Soleil
Lettrage : Studio Charon

Dépôt légal : février 2021 : ISBN :978-2-302-09078-1
Première édition

Achevé d'imprimer en janvier 2021
sur les presses de l'imprimerie PPO à Palaiseau, France

PARIS

SAINT - GERMAIN